Contraataque

Dominio del balón

Salto entre dos

Listo para
entrenar

Átandose bien
los cordones

Bloqueando a
un adversario

# JÓVENES JUGADORES DE BALONCESTO

*Posición de triple amenaza*

*Canasta y tablero*

## CHRIS MULLIN
### con la colaboración de
### Brian Coleman

*Dribling habilidoso*

*Pase efectuado*

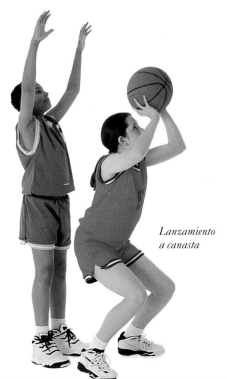

*Lanzamiento a canasta*

*Posición básica del baloncesto*

*Preparándose para recibir el balón*

EDITORIAL MOLINO

Un libro Dorling Kindersley

**Dirección:** Bernadette Crowley y Stella Love

**Diseño:** Lesley Betts

**Fotografía:** Susanna Price

**Selección de fotografías:** Rachel Leach

**Producción:** Charlotte Traill

**Dirección editorial:** Sophie Mitchell

**Dirección artística:** Miranda Kennedy

**Traducción:** Mª Angels Cabré

**Asesoramiento técnico:** Enrique Prats
Sanjosé

**Jóvenes jugadores de baloncesto:**
Martin Anastasi, Lauren Kent, Kieron Parris, Chelsee Stewart,
Mark Theinmaung y Lendel Wright

Publicado en lengua española por
**EDITORIAL MOLINO**
Calabria, 166 - 08015 Barcelona

ISBN: 84 - 272 - 4965 - 9

Febrero 1996

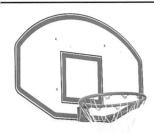

# Sumario

Aquí estoy jugando en la NBA con mi equipo, los Golden State Warriors.

# A todos los jóvenes jugadores

"CUANDO ESTABA aprendiendo a jugar a baloncesto, la lección más importante que aprendí fue la disciplina y cómo aplicarla. Si trabajas duro y obedeces las reglas, aprenderás la diferencia entre hacer las cosas bien y hacerlas mal. Jugar a baloncesto me enseñó también cómo trabajar en equipo y me he hecho tan amigo de mis adversarios como de mis compañeros de equipo. Desde que empecé a jugar en el patio de mi escuela de Brooklyn, Nueva York, hasta mi carrera en la NBA y mi participación en el "Dream Team" Olímpico de EE.UU. siempre he trabajado duro, pero he disfrutado cada minuto. Espero que tú disfrutes leyendo este libro y te lo pases tan bien como yo jugando a baloncesto."

### Entrenar duro
Un joven jugador necesita desarrollar su juego en todos los aspectos. Aunque la gente me felicite por mi manera de encestar, he trabajado duramente para ser hábil driblando, pasando y defendiendo, así como en las demás jugadas de equipo.

LaPhonso Ellis y Robert Pack, de los Denver Nuggets, intentando bloquear mi tiro.

Fíjate en lo concentrado que estoy cuando me preparo para encestar.

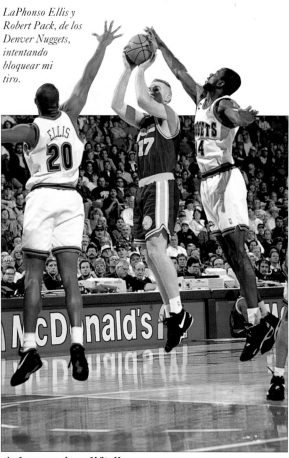

### Juegos Olímpicos
Disfruté mucho participando con el Dream Team en las Olimpiadas de Barcelona, en 1992. También jugué en las Olimpiadas de Los Ángeles en 1984, siendo todavía estudiante.

### Adversarios difíciles
Cuando jugaba en los Golden State Warriors, en la NBA, tuve que competir con grandes y atléticos adversarios. Una de las habilidades que aprendí fue la capacidad de ignorar los esfuerzos de los defensores por distraerme cuando tiro a la canasta.

Aquí estoy intentando conseguir dos puntos más para los Warriors.

# Historia del baloncesto

EL BALONCESTO fue inventado en 1891 por el doctor James Naismith, un profesor de la YMCA International Training School, en Massachusetts (EE.UU.). El doctor Naismith ideó un juego para entretener a sus alumnos en las clases de educación física durante el invierno. Dispuso dos cestas de melocotones a cada extremo del gimnasio, cogió un balón de fútbol y fijó algunas reglas, que básicamente son las que rigen en la actualidad.

### El doctor James Naismith
El Dr. Naismith nació en Canadá en 1861 y vivió lo bastante para ver jugar en todo el mundo el juego que inventó. La popularidad del baloncesto se debe en parte a los esfuerzos de la YMCA.

### Donde todo empezó
El primer partido de baloncesto se jugó en el gimnasio de este edificio, situado en el sótano. Sólo había una canasta y se usaba una escalera para recuperar el balón de la cesta de melocotones.

*En el equipo norteamericano hay siete jugadores del equipo Universal Picture Studios de Hollywood.*

### El juego enjaulado
En los comienzos del baloncesto profesional, la pista fue vallada para separar a los jugadores de los espectadores. Por esto al baloncesto se le llamó inicialmente "juego enjaulado".

### Las Olimpiadas de Berlín
El baloncesto fue por primera vez deporte olímpico en los Juegos Olímpicos de Berlín celebrados en 1936. Compitieron equipos de 21 países. El equipo norteamericano fue el vencedor y las medallas de oro las impuso el doctor Naismith.

### Bob Cousy
Bob Cousy es uno de los míticos jugadores de la historia del baloncesto. Jugó con los Boston Celtics en los años 60, cuando éstos ganaron nueve Campeonatos de la NBA seguidos.

### Michael Jordan
Michael Jordan, de los Chicago Bulls, es uno de los jugadores más relevantes del baloncesto moderno. Fue uno de mis compañeros de equipo en el *Dream Team*.

*Michael Jordan es considerado un gran saltador y un gran lanzador.*

*Un defensor alemán intenta evitar que Michael Jordan enceste.*

### El Dream Team
En sus orígenes, los Juegos Olímpicos fueron una competición para aficionados. En 1992, en las Olimpiadas de Barcelona, a los jugadores profesionales de la NBA se les permitió competir por primera vez. Fue muy emocionante ser incluidos en el equipo seleccionado para representar a EE.UU. que ganó la medalla de oro. Este equipo olímpico se conoce como el *Dream Team* porque lo forman los jugadores estrella del baloncesto norteamericano.

# Tus comienzos

CUANDO EMPIECES a jugar a baloncesto, deberás llevar ropa cómoda y holgada, y zapatillas deportivas de baloncesto. Si progresas hasta jugar en un equipo, deberás llevar el correspondiente uniforme de pantalón corto y camiseta sin mangas. Lo más importante del vestuario es el calzado. Las zapatillas deportivas deben sujetarte los tobillos y no resbalar. Además, deben amortiguar el impacto de los enérgicos saltos y aterrizajes que forman parte del juego. El material básico para jugar a baloncesto consiste simplemente en un balón y una canasta con un tablero. El balón reglamentario es redondo y, cuando cae desde una altura de 1,8 m, rebota hasta una altura de 1,3 m.

### El uniforme

Todos los jugadores de un equipo de baloncesto van vestidos del mismo color. Las camisetas y los pantalones cortos no tienen por qué ser del mismo color. Las camisetas están numeradas delante y detrás, y dos jugadores no pueden llevar el mismo número. En las competiciones profesionales, las camisetas a menudo llevan el nombre del jugador en la espalda y el logotipo del equipo en el pecho.

*Este material es ligero y tiene agujeros para permitir la transpiración.*

*Tu ropa debe ser holgada, de modo que no dificulte tus movimientos.*

*Asegúrate de que tus zapatillas sean lo suficientemente grandes para llevar calcetines gruesos. Esto evitará que se te hagan ampollas.*

### Jugar por diversión

Cuando te conviertas en un buen jugador, quizá lograrás jugar en un equipo local. Como miembro de un equipo te adiestrará un entrenador, que se asegurará de que desarrolles tus habilidades correctamente. También puedes tener la oportunidad de jugar con regularidad en competiciones. En la fotografía, dos equipos júnior compiten en un torneo local.

# Equipo básico

## Chándal

Lleva puesto un chándal cuando estés calentando o sentado en el banquillo de los suplentes. El pantalón deberá tener aberturas a los lados para que te lo puedas sacar con rapidez sin tener que sacarte las zapatillas. Asimismo, deberás ponerte el chándal en cuanto dejes de jugar para mantener el calor.

*Tu chándal puede llevar el nombre de tu equipo y su logotipo.*

*Puedes llevar tu ropa en una bolsa de deporte.*

### Calentamiento
Antes de un partido, deberás calentar los músculos. Si empiezas a jugar cuando aún estás frío, puedes lesionarte fácilmente un músculo.

*El tablero es de madera o de plástico duro y resistente.*

Red

*El aro debe estar colocado a 3,05 m del suelo.*

## Practicar con el aro y el tablero

Si tienes una canasta en casa o en la escuela, podrás desarrollar tu habilidad en los tiros. Si estás con otra persona, también podrás jugar un partido.

*Zapatilla tipo bota que sujeta el tobillo.*

*Zapatilla baja que no sujeta el tobillo.*

## Calzado

Puedes llevar deportivas bajas o tipo bota, que sujetan el tobillo: la mayoría de los jugadores modernos usan estas últimas. Durante un partido, al girar, saltar y frenar se cargan las articulaciones de los tobillos.

*El balón está dividido en ocho partes.*

## El balón

El balón tiene un revestimiento externo de cuero, goma o material sintético. Debe pesar entre 567 y 650 gr, y tener una circunferencia de 75 a 78 cm.

*Asegúrate de que te has atado bien los cordones.*

# La pista de baloncesto

UNA DE LAS RAZONES por las que el baloncesto es tan popular en todas partes es porque se trata de un juego muy sencillo. Todo lo que necesitas para jugar es un balón, una canasta y un suelo liso. Seguro que has empezado a jugar a baloncesto en tu escuela o en un patio cercano. Quizá sueñas con jugar en una pista de baloncesto más grande, con el suelo de parqué, tableros transparentes y delante de millares de espectadores. Pero tanto si se juega a baloncesto en un patio o en una pista profesional, el juego sigue consistiendo en controlar el balón sobre un suelo liso.

## Pista profesional

La NBA es la líder mundial de las competiciones profesionales de baloncesto, con equipos jugando en las pistas más importantes de EE.UU. La pista de la foto es ARCO, sede de los Sacramento Kings, en California. ARCO tiene capacidad para más de 17.000 espectadores. En este partido se enfrentan los Kings y Los Angeles Lakers. El marcador y los banquillos están en el lado derecho de la fotografía.

*Esta gran pantalla con cuatro caras está suspendida en el centro de la pista.*

*La pantalla indica que los Lakers ganan a los Kings por 83 puntos a 70.*

*Los espectadores también pueden ver el partido en esta gran pantalla.*

*El marcador está de color negro porque el tiro ya se ha lanzado.*

*El tablero es transparente para que los espectadores de detrás puedan ver el partido.*

*Tres árbitros (aquí vestidos de oscuro y con camisas grises) controlan el partido en la NBA. En los partidos de la FIBA son dos.*

*El área restringida está pintada de azul para distinguirla fácilmente, aunque esto no es preceptivo.*

## El tablero y el marcador electrónico

El tablero mide 1,8 m de ancho por 1,05 m de alto y tiene los bordes forrados para evitar que los jugadores altos se lesionen. El marcador muestra el tiempo que un equipo está en posesión del balón antes de que un jugador lance. En la NBA, un equipo debe lanzar antes de que pasen 24 segundos después de conseguir el balón y, según las reglas de la FIBA (Federación Internacional de Baloncesto Amateur), antes de 30 segundos después de conseguir el balón. El marcador muestra la cuenta atrás hasta llegar a cero y se queda de color negro cuando ninguno de los dos equipos tiene el balón. Si un equipo no llega a lanzar dentro del tiempo límite, pierde la posesión del balón.

## El partido

### Ganar un partido

Gana un partido el equipo que consigue más puntos. Los puntos se logran encestando el balón.

### Duración del partido

Según las reglas de la FIBA, un partido se divide en dos partes de veinte minutos, mientras que en la NBA se divide en cuatro partes de 12 minutos cada una. Durante un partido hay muchas interrupciones y un partido completo dura aproximadamente 90 minutos. El equipo local (desde 1994) elige la mitad de la pista que quiere atacar en la primera parte del partido y los equipos se intercambian en la segunda mitad.

### Prórroga

Si cuando se acaba el tiempo los marcadores de los equipos están empatados, se juegan cinco minutos de prórroga. Si después de los cinco minutos no ha ganado ninguno de los dos equipos, se juegan nuevas fracciones de cinco minutos de prórroga hasta que uno de los equipos gana.

### Tiempos muertos

Cada equipo tiene un entrenador y, durante el partido, los entrenadores pueden pedir que se detenga el partido dos veces en cada parte del partido y una en cada prórroga. Esas paradas se llaman tiempos muertos y deben durar como máximo un minuto. Los entrenadores solicitan tiempos muertos para cambiar las tácticas de sus equipos.

### Sustitutos

Un jugador que esté en la pista puede ser sustituido si el entrenador quiere cambiar de táctica o para que un jugador cansado o lesionado descanse. El sustituto se presenta en la mesa y el anotador ordena al cronometrador que detenga el reloj cuando el reglamento lo permita. Entonces, un oficial le hace una seña al sustituto para que ocupe el lugar del jugador que hay en la pista. El jugador que ha sido reemplazado puede entrar otra vez durante el partido.

## Líneas de demarcación de la pista, jugadores y jueces

Un partido de baloncesto consta de dos equipos de cinco jugadores cada uno. Además, cada equipo tiene sustitutos (de cinco a siete, dependiendo de la competición) que se sientan en el banquillo de su equipo con los entrenadores y otros miembros del equipo. Entre los banquillos de los dos equipos, está la mesa de los anotadores y en cada extremo de ésta hay asientos para los sustitutos que están esperando la señal para incorporarse al juego. Existen algunas diferencias entre las reglas de juego usadas en la NBA, la NCAA (National Collegiate Athletic Association, que organiza los partidos universitarios en EE.UU) y la FIBA.

Las mayores diferencias entre esas federaciones residen en cómo está delimitada la pista, tal como se indica en el dibujo de abajo. Otra diferencia consiste en que en el baloncesto internacional el partido lo controlan dos árbitros y en EE.UU. lo hacen tres.

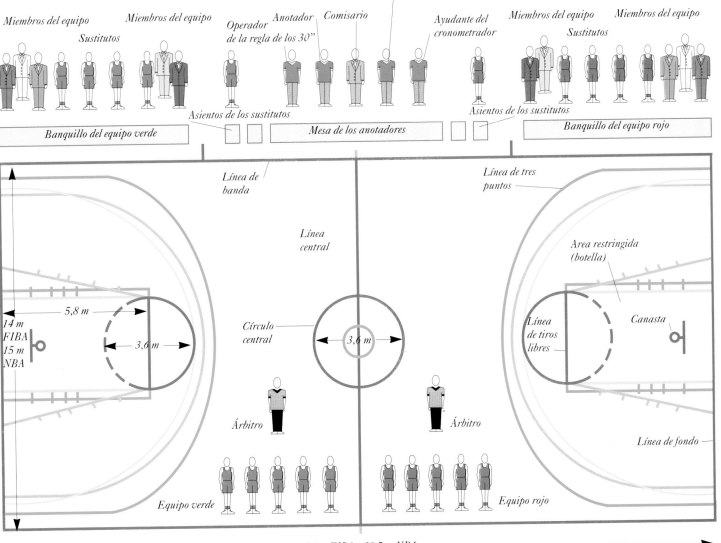

Miembros del equipo · Sustitutos · Miembros del equipo · Operador de la regla de los 30" · Anotador · Comisario · Cronometrador · Ayudante del cronometrador · Miembros del equipo · Sustitutos · Miembros del equipo

Asientos de los sustitutos · Mesa de los anotadores · Asientos de los sustitutos

Banquillo del equipo verde · Banquillo del equipo rojo

Línea de banda · Línea de tres puntos · Línea central · Area restringida (botella)

5,8 m · 3,6 m · Círculo central · 3,6 m · Línea de tiros libres · Canasta

14 m FIBA / 15 m NBA

Árbitro · Árbitro · Línea de fondo

Equipo verde · Equipo rojo

26 m FIBA - 28,5 m NBA

## Participantes y esquema de la pista

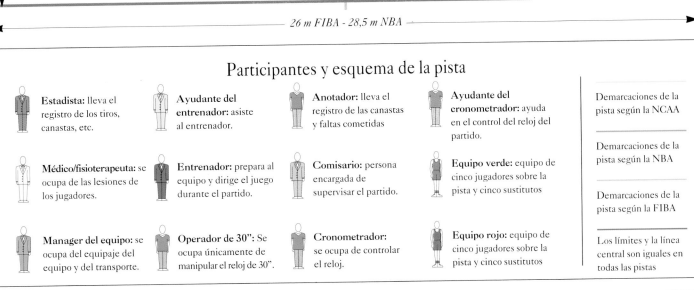

**Estadista:** lleva el registro de los tiros, canastas, etc.

**Ayudante del entrenador:** asiste al entrenador.

**Anotador:** lleva el registro de las canastas y faltas cometidas

**Ayudante del cronometrador:** ayuda en el control del reloj del partido.

**Médico/fisioterapeuta:** se ocupa de las lesiones de los jugadores.

**Entrenador:** prepara al equipo y dirige el juego durante el partido.

**Comisario:** persona encargada de supervisar el partido.

**Equipo verde:** equipo de cinco jugadores sobre la pista y cinco sustitutos

**Manager del equipo:** se ocupa del equipaje del equipo y del transporte.

**Operador de 30":** Se ocupa únicamente de manipular el reloj de 30".

**Cronometrador:** se ocupa de controlar el reloj.

**Equipo rojo:** equipo de cinco jugadores sobre la pista y cinco sustitutos

Demarcaciones de la pista según la NCAA

Demarcaciones de la pista según la NBA

Demarcaciones de la pista según la FIBA

Los límites y la línea central son iguales en todas las pistas

# El dribling

D RIBLAR ES una de las habilidades básicas que, como jugador de baloncesto, debes aprender. Dribla para moverte con el balón hacia una nueva posición en la pista botándolo en el suelo. Si vas a convertirte en un buen jugador de baloncesto, deberás aprender cuándo driblar y cuándo no hacerlo. No debes driblar cada vez que recibes el balón, pues impedirás que tu equipo realice un juego efectivo. Se dribla para llevar el balón hacia adelante en la pista, moviéndolo hacia una mejor posición para lanzar a la canasta y para alejarse de un adversario y ganar espacio para pasarlo a un compañero de equipo.

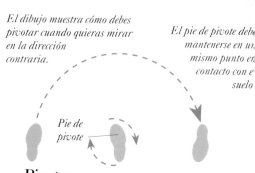

*El dibujo muestra cómo debes pivotar cuando quieras mirar en la dirección contraria.*

*El pie de pivote debe mantenerse en un mismo punto en contacto con el suelo*

*Pie de pivote*

## Pivotar

Cuando te detengas con el balón, te está permitido cambiar la dirección en que estás mirando. A esto se le llama pivotar. Cuando pivotas, mantienes un pie en el suelo (el pie de pivote) mientras que das pasos con el otro pie. Puedes pivotar en todas las direcciones.

## Dribling básico

Controlas el balón cuando driblas usando la muñeca y los dedos. Cuando dribles no debes usar nunca las dos manos a la vez, aunque puedes cambiar de mano tan a menudo como quieras. Usando tu antebrazo, la muñeca y los dedos, impulsa el balón con firmeza hacia el suelo. Aprende a controlar la altura y la velocidad del bote del balón, desde la altura del pecho a la de la rodilla. Intenta dar vueltas sobre ti mismo mientras driblas, cambiando de mano y cambiando la dirección de tu movimiento.

**2** Envía el balón hacia el suelo con un impulso de la muñeca y un movimiento de los dedos. No le des un manotazo. Tienes que mantener la muñeca y los dedos flexibles.

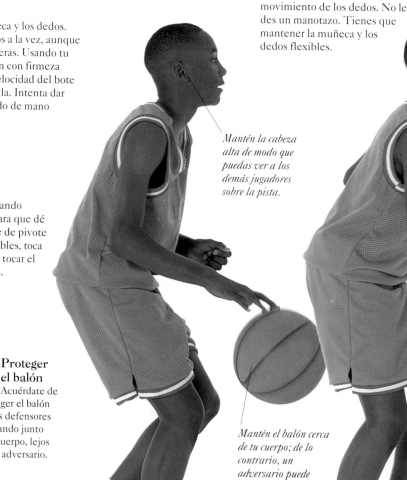

*Mantén la cabeza alta de modo que puedas ver a los demás jugadores sobre la pista.*

**1** Cuando empieces a driblar estando quieto, debes soltar el balón para que dé el primer bote antes de que tu pie de pivote deje de tocar el suelo. Cuando dribles, toca el balón con los dedos. Intenta no tocar el balón con las palmas de las manos.

**Proteger el balón**
Acuérdate de proteger el balón de los defensores driblando junto a tu cuerpo, lejos de tu adversario.

*Mantén el balón cerca de tu cuerpo; de lo contrario, un adversario puede robártelo cuando éste bote.*

### Mano de driblar
Controla el balón abriendo los dedos cómodamente, tocando la máxima superficie de balón posible. Tu mano debe tocar siempre la parte de arriba del balón, excepto cuando driblando cambies de dirección.

# Mirar hacia la canasta

Cada vez que tengas el balón, debes pivotar inmediatamente para mirar hacia la canasta.

*Cuando pivotes, mantén la cabeza alta.*

*Usa el cuerpo como un escudo para proteger el balón de un defensor.*

*Mantén la espalda recta.*

### Espacio personal

Cada jugador tiene un espacio personal, un área de forma cilíndrica alrededor del cuerpo de la anchura de la distancia de los hombros y que va desde el suelo hacia arriba. Si un adversario te toca dentro de ese cilindro, pueden pitarle falta.

*Mantén tu pie de pivote siempre en el mismo punto del suelo.*

*Cuando gires, da pasos cortos para mantener un mejor control.*

*Mantén las rodillas flexionadas para conseguir un buen equilibrio.*

---

**3** Cuando el balón suba, separa los dedos para tocarlo. Para empezar, practica driblando quieto, de modo que te acomstumbres a tocar el balón que bota.

**4** Ahora examínate a ti mismo. Comprueba si puedes driblar el balón sin mirarlo. Es imprescindible que aprendas a hacerlo para que puedas observar la posición de los demás jugadores mientras driblas.

### Regla del dribling

Cuando hayas dejado de botar, no te está permitido empezar de nuevo hasta que el balón haya sido tocado por otro jugador. Si empiezas a driblar de nuevo, infringes las reglas con una infracción llamada "dobles".

*Mantén el brazo pegado al cuerpo.*

*Más que mirando el balón, debes aprender a driblar al tacto.*

*Practica driblar cerca de un adversario que intenta quitarte el balón.*

*Cuando estés driblando el balón, puedes dar todos los pasos que quieras.*

# La penetración

**P**ODRÁS ESTAR SEGURO de que dominas el arte de driblar cuando botes con éxito junto a un adversario. Cuando dribles, a menudo te marcará estrechamente un defensor y debes ser siempre consciente de su posición. Recuerda que driblas para intentar moverte hacia la canasta librándote de tu adversario más cercano. Tendrás que desarrollar la habilidad de driblar con las dos manos. Además, deberás estar preparado para proteger el balón cuando lo botas junto a un adversario colocándote entre éste y el balón.

### Driblar detrás de la espalda

Driblar el balón detrás de la espalda es una avanzada habilidad que requiere mucha práctica. Dribla el balón a tu alrededor y muévelo detrás tuyo. Presionando en la parte de arriba y la parte posterior del balón, bótalo hacia la otra mano. Tu objetivo es driblar así estando en movimiento.

## Fintar y penetrar

Cuando tengas el balón y estés marcado estrechamente, intenta "fintar y penetrar". Fintar es hacer ver que vas a hacer un movimiento y, cuando el adversario responde a tu finta, hacer algo distinto. Por ejemplo, puedes hacer ver que vas a lanzar y después driblar hacia la canasta. Penetrar es driblar agresivamente hacia la canasta.

*Mira en la dirección en que se supone que vas a moverte.*

*Tu defensor se ha movido hacia la derecha y mira el balón, esperando impedir tu dribling.*

*Brazos levantados para defender un posible tiro a la canasta.*

*Puedes empezar a fintar y penetrar haciendo ver que lanzas.*

*Cuando te pongas de cara a la canasta, usa la posición básica del baloncesto.*

*Da en este primer paso un ligero codazo en la dirección de la finta.*

**1** Cuando recibas el balón, mantén una posición que te proporcione un buen equilibrio. La posición básica del baloncesto consiste en mantener los pies separados a la distancia de los hombros, las rodillas dobladas, las caderas ligeramente flexionadas, la espalda recta, la cabeza alta y el peso repartido equitativamente sobre los pies.

**2** Da un paso en falso en una dirección y haz ver que vas a driblar para librarte de tu defensor. Haz los pasos cortos y asegúrate de que mantienes el balón bajo control. El defensor se moverá para tapar tu entrada anticipadamente.

# Dribling hacia atrás

Usa el dribling hacia atrás cuando quieras librarte de un defensor que se ha interpuesto en tu trayectoria. Con este movimiento, haces un rápido cambio de dirección cambiando la mano con la que driblas y dándole la espalda a tu adversario para ir en la dirección contraria.

*Debes estar siempre pendiente de lo que hace tu adversario.*

*Cuando gires, cambia la mano con la que driblas.*

*Cuando gires, da un paso largo para alejarte de tu adversario.*

*Camina pegado al defensor y pivota para darle la espalda a tu adversario.*

*Pie de pivote*

**1** Si estás driblando con la mano derecha y el defensor se ha interpuesto en tu trayectoria, bota el balón con la mano izquierda al tiempo que empiezas a darle la espalda al defensor.

**2** Gira con el pie izquierdo cuando tu mano izquierda toque el balón y camina hacia la derecha mientras rotas con rapidez. Ahora le darás la espalda a tu adversario.

**3** Continúa driblando el balón con la mano izquierda mientras avanzas hacia la canasta, dejando a tu adversario detrás tuyo.

## Final del dribling

Aprende a levantar el balón en alto al acabar de driblar y lanza directamente o pasa el balón a un compañero.

*Cuando te prepares para driblar, toma el balón con la mano derecha.*

*Mantén la mano en la parte posterior del balón para poder driblar hacia delante.*

*El defensor se ha equivocado de pie y ha necesitado un momento para rectificar.*

*Mantén la cabeza alta para ver a los jugadores que hay a tu alrededor.*

*Asegúrate de no tocar a tu defensor cuando pases junto a él, pues podría ser falta.*

*Este segundo paso debe ser largo para que puedas superar a tu defensor con un solo paso.*

**3** Mientras el defensor se mueve hacia la derecha, avanza por su izquierda con el mismo pie que has usado para el paso de la finta. Debe tratarse de un paso largo. Cuando des el paso, suelta el balón para empezar a penetrar. Asegúrate de que pasas cerca de tu adversario y avanza hacia la canasta.

**4** Continúa driblando, tomando el camino más directo hacia la canasta. Recuerda que otros defensores pueden avanzar para detenerte. Mantén la cabeza alta mientras dribles para poder ver la canasta y los movimientos de los demás jugadores.

# Pases

**P**ARA JUGAR BIEN a baloncesto, debes aprender cómo pasar y recibir un pase. Cuando un equipo tiene el balón, es importante conservarlo mediante pases seguros. La manera más rápida de mover el balón a lo largo de la pista es pasándolo, de modo que, si puedes elegir, en lugar de driblar debes pasar el esférico. Hay diferentes tipos de pases. Puedes decidir cuál de ellos usar en función del juego, y al observar la posición y los movimientos de tus compañeros y adversarios.

## Pase de pecho

El pase de pecho es un pase con las dos manos que se realiza sólo cuando no hay ningún defensor entre tú y el receptor. Este pase empieza con el balón sostenido con las dos manos delante de tu pecho, justo debajo de la barbilla. Se le llama posición de triple amenaza porque desde ella puedes hacer tres cosas: lanzar, driblar o pasar.

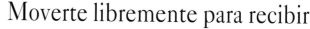

**Pase a distancia**
La distancia ideal para realizar este pase es cuando el portador y el receptor están a una distancia de 3,5 m a 4,5 m.

## Pase por encima de la cabeza

Cuando estés marcado estrechamente por un adversario, lo mejor es que realices un pase por encima de su cabeza, sobre todo si tu adversario es más bajo que tú.

*Sostén el balón sobre tu cabeza.*

*El defensor marca estrechamente a su adversario.*

**1** Inicia el pase levantando el balón por encima de tu cabeza. Debes sujetarlo con las dos manos y mantener tus ojos fijos en el punto de destino.

*Las manos señalan en la dirección del pase.*

*Ten en cuenta que tu adversario puede saltar y bloquear tu pase.*

**2** Pasa el balón con un enérgico impulso de tus muñecas y dedos de modo que vaya en línea recta hacia tu compañero.

## Moverte libremente para recibir

Si estás siendo marcado por un adversario y quieres recibir un balón, debes librarte de tu defensor al menos por un momento. Puedes lograrlo andando hacia tu defensor y después cambiando de dirección bruscamente, moviéndote hacia fuera para recibir el esférico.

*Aquí, la jugadora sostiene el balón en la posición de triple amenaza.*

*El receptor debe fijar la vista en el balón.*

*La jugadora pivota buscando una oportunidad para jugar el balón.*

**1** La jugadora está pendiente del movimiento de los compañeros de equipo que están a su alrededor. El receptor potencial, número 4 rojo, es marcado estrechamente por un defensor. Coloca un pie entre las piernas del defensor y, después, rápidamente, se despega del defensor.

**Hacer señas al portador**
Asegúrate de mirar el balón todo el tiempo e indicarle claramente al portador cuándo quieres que te llegue.

*El movimiento empieza con el receptor colocando su pie derecho entre las piernas del defensor.*

*El receptor se aleja rápidamente del defensor con el pie izquierdo.*

*Flexiona las muñecas hacia atrás.*

Sostén el balón con las dos manos con los pulgares detrás y los demás dedos a los lados. No toques el balón con las palmas de las manos.

**2** Realiza este pase extendiendo los brazos enérgicamente en la dirección del receptor. Mueve el cuerpo en la dirección del pase.

*Mantén la postura básica del baloncesto.*

*Asegúrate de que coges con firmeza el balón.*

*Flexiona los codos.*

**3** Suelta el balón cuando tus brazos se enderecen al doblar las muñecas hacia delante. Cuando practiques, da un paso hacia delante cuando realices el pase.

*Mantén la vista en el blanco.*

*Tus dedos deben apuntar en la dirección del tiro.*

*Da un paso hacia delante.*

**Buen pase**

Un pase efectivo es el que recibe un compañero de equipo cuando y donde quiere el balón.

**2** Con un brusco cambio de dirección, el número 4 coloca a su adversario en una mala posición para interceptar el pase. Cuando el número 4 se mueva con libertad, señalará el balón con las manos extendidas.

*El defensor debe ser cogido por sorpresa.*

*El receptor se ha librado con éxito del defensor.*

*El defensor persigue al receptor para continuar marcándolo.*

*Usa las dos manos cuando atrapes o pases el balón.*

*Te resultará fácil librarte de tu defensor si empiezas a andar lentamente hacia él y después, bruscamente, cambias de dirección corriendo para recibir el balón.*

*Da un largo primer paso.*

**3** El receptor atrapa el balón con ambas manos durante el movimiento. Después de coger el balón, deberá pivotar para ponerse de cara a la canasta y prepararse bien para lanzar, driblar o pasar.

19

# Otras habilidades en los pases

E n los pases, es fundamental saber realizar movimientos laterales. Un pase lateral es una trayectoria por la cual puedes pasarle con seguridad un balón a un compañero de equipo. Además, debes aprender cómo coger el balón al final de un dribling para lanzar o pasar, y cómo recibirlo correctamente (siguiendo las reglas). Las reglas del juego determinan que sólo puedes dar un paso mientras sostienes el balón y, como generalmente cuando recibes un pase te estás moviendo, debes aprender a detenerte correctamente. Hay dos maneras de realizar una parada correcta: dar un salto o dar una zancada.

### Controlar el balón

En la foto, Isiah Thomas está controlando el balón. Tiene las rodillas flexionadas y la cabeza alta, de modo que puede ver lo que sucede delante de él. Desde esta posición, ve como un compañero de equipo se ha librado del marcaje y se prepara para realizar un pase por encima de la cabeza hacia delante.

## Pase picado

Si estás siendo marcado por un adversario alto o si tu defensor tiene los brazos levantados, te resultará difícil realizar un pase lateral de pecho o un pase por encima de la cabeza. En esta situación, el pase más adecuado es el pase picado. Éste consiste en botar el balón en el suelo hacia el receptor.

Mantén la cabeza alta.

El defensor tiene los brazos levantados para evitar que se realice el pase de pecho.

Mantén la espalda recta.

Mira el balón cuando bote hacia tu compañero de equipo.

1 Cuando un receptor te hace señales para que le hagas un pase picado, agáchate rápidamente y lanza el balón hacia él. Asegúrate de que puedes ver claramente hacia donde estás apuntando el balón. Debes hacer que bote a una distancia de dos tercios en la línea que hay entre ti y el receptor.

Para realizar el pase, debes situarte junto a tu adversario.

## Zancada con parada

Si recibes el balón cuando estás en el aire, te está permitido dar sólo dos pasos para detenerte correctamente. Debes emplear la zancada con parada cuando recibas un pase moviéndote con velocidad o al acabar de driblar.

**1** Atrapa el balón cuando estés en el aire. Cuando avances hacia delante deberás aterrizar con un pie, que se convertirá en tu pie de pivote. Éste será el primer paso de los dos pasos permitidos.

*Mantén la cabeza alta.*

**2** Mantén tu pie de aterrizaje firme en el suelo mientras mueves tu otro pie hacia delante como se hace normalmente al correr.

*Pie de aterrizaje.*

*Mueve tu segundo pie hacia delante.*

*Cuando te detengas, debes pasar o lanzar el balón a canasta.*

**3** Baja tu otro pie. Éste será el segundo paso permitido. Debes finalizar la parada con una buena posición de equilibrio con los dos pies firmes en el suelo, un pie delante del otro.

*Mantén el balón en la posición de triple amenaza.*

*Pie de pivote*

*Mantén la cabeza alta y la mirada fija en el balón.*

*Mantén la espalda recta.*

### Pases cortos

Cuanto más largo sea un pase, más tiempo tiene el defensor de interceptar el balón. Por consiguiente, haz los pases cortos: lo ideal es de 3,5 a 4,5 m.

*Mantén las manos bajas, preparadas para recibir el balón.*

**2** Si eres el receptor, haz una seña cuando quieras el balón. Debes estar siempre pendiente de los movimientos de tus adversarios. El pase picado es más lento que otros pases, por lo que puede ser más fácil de interceptar para los defensores.

### Haciendo señales para recibir

Si quieres recibir el balón y ves factible un pase lateral por encima de un adversario, debes hacer una señal para que te hagan un pase de pecho manteniendo las manos bajas.

## Salto con parada

En un salto con parada, aterrizas en el suelo con los dos pies al mismo tiempo habiendo atrapado el balón cuando estabas en el aire. La gran ventaja de esta parada es que puedes elegir cualquiera de tus pies como pie de pivote.

*Mantén la cabeza alta.*

*Mantén el balón pegado a tu cuerpo.*

**1** Atrapa el esférico mientras estás en el aire. Cuando vayas a aterrizar, asegúrate de que tus dos pies toquen el suelo al mismo tiempo.

*Los pies deben estar listos para aterrizar a la vez.*

**2** Cuando hayas aterrizado correctamente, puedes pivotar con cualquiera de los dos pies. Recuerda que en cuanto empieces a pivotar con un pie, no podrás cambiar de pie de pivote.

*Permanece en la posición de triple amenaza.*

*Mantén los pies separados a la distancia de los hombros para conseguir un buen equilibrio.*

# Habilidad en el tiro

G ANA UN PARTIDO el equipo que obtiene más puntos, y sólo se pueden obtener puntos encestando el balón. Cualquier jugador puede encestar, por lo que es fundamental que perfecciones tus lanzamientos. Hay diferentes clases de tiros y, si quieres convertirte en un buen encestador, tendrás que aprender diferentes técnicas. El tiro que realices dependerá de tu situación. Si estás quieto con el balón y tienes la canasta a tiro, puedes realizar un lanzamiento en posición estática o un tiro en suspensión. Si puedes driblar hacia la canasta, podrás realizar un tiro en bandeja.

### El tiro en posición estática

Cuando realices un tiro en posición estática debes estar quieto, pues tu postura es muy importante. Permanece con las rodillas ligeramente flexionadas y el balón sostenido delante del pecho, justo debajo de la barbilla. Coloca la mano de lanzar detrás del balón y algo hacia abajo, con los dedos separados y las puntas hacia arriba.

*Sostén el balón con ambas manos.*

*Si usas la mano derecha para lanzar, coloca el pie derecho ligeramente más adelantado que el pie izquierdo.*

## El tiro en bandeja

Debes realizar un tiro en bandeja cuando estés en movimiento, después de recibir un pase o cuando dribles hacia la canasta. Esta secuencia de fotografías muestra a un jugador moviéndose para realizar un tiro en bandeja. Se ha aproximado a la cansata por la derecha, driblando el balón con la mano derecha.

**Sosteniendo el balón**
Cuando sostengas el balón para efectuar un tiro, no lo toques con las palmas de las manos; usa sólo los dedos.

3 Tu pie izquierdo es tu pie de impulso para saltar hacia arriba y hacia la canasta. Cuando empieces el movimiento de lanzar, debes mantener el balón levantado delante tuyo.

*Mantén la vista en el blanco.*

1 Cuando estés lo suficientemente cerca de la canasta para realizar un tiro en bandeja, coge el balón con las dos manos cuando tus dos pies estén en el aire y aterriza con el pie derecho.

*Muévete a una buena velocidad.*

*Cuando te prepares para saltar con el pie izquierdo, coloca la pierna derecha hacia delante.*

*Tu pie izquierdo da el segundo y último paso.*

2 Mira la canasta mientras tu pie izquierdo está aterrizando. Recuerda que, cuando sostienes el balón, sólo te está permitido dar dos pasos.

Debes estirar los brazos hacia la canasta.

Suelta el balón con un fuerte impulso de tus muñecas y dedos.

Realiza la acción en un movimiento continuo.

Para tiros largos, debes despegar los pies del suelo.

Cuando empieces el tiro, estira las piernas.

Coloca los dedos de la mano de lanzar hacia arriba.

**Soltar el balón**
Debes elevarte todo lo posible para soltar el balón lo más cerca posible de la canasta.

El balón debe llegar hasta un punto fijo del tablero.

Si tu tiro al tablero es correcto, el balón rebotará dentro de la canasta.

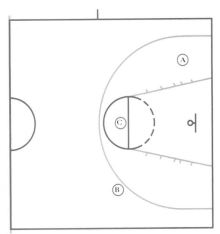

Aleja la mano izquierda del balón justo antes de lanzar con la mano derecha.

Debes estirar completamente el brazo de lanzar.

Estira los brazos hacia arriba.

Concéntrate en el blanco hasta que el balón llegue.

Salta con el pie contrario a la mano con la que lanzas.

Salta tan alto como puedas.

**6** Lanza el balón suavemente hacia el blanco para que entre fácilmente en la canasta. Si eres un principiante, muévete hacia la canasta en un ángulo de 45° con respecto al tablero. Verás un hueco entre el aro y el tablero por el que es fácil apuntar al tablero con el balón. Intenta variar tu ángulo de aproximación a medida que aumente tu habilidad.

**4** Para darte más impulso cuando saltes, mantén la rodilla derecha hacia arriba. Sostén el balón cogido por detrás y ligeramente hacia abajo con la mano de lanzar. Tu otra mano debe estar a un lado del balón, reforzando la otra.

**5** Justo antes de lanzar, debes estar estirado del todo y sostener el balón tan alto como te sea posible. Apunta el balón al pequeño rectángulo que hay en el tablero, en un punto situado justo en la esquina superior más cercana a ti. Si das en ese punto, el balón rebotará dentro de la canasta.

**Puntos**
El número de puntos que consigues encestando depende del lugar desde donde realices el tiro. Una canasta "en juego" (no con un tiro libre) lograda desde la zona A, dentro de la línea de tres puntos, obtiene dos puntos. Una canasta obtenida por un jugador desde la zona B, con los dos pies detrás de la línea de tres puntos, obtiene 3 puntos. Un tiro libre (lanzado por haberse cometido una falta) encestado desde la zona C obtiene 1 punto.

# Otros lanzamientos

LANZAR A CANASTA es probablemente la parte más excitante y entretenida del baloncesto. Debes lanzar siempre que tengas una buena oportunidad, pero debes aprender cuándo una oportunidad es buena. Recuerda que los ingredientes de un buen tiro son mantenerse en equilibrio, mirar a la canasta, concentrarte en ella y controlar el balón. Esto te ayudará si quieres desarrollar una actitud positiva a la hora de encestar. Piensa que vas a encestar y tendrás más probabilidades de éxito.

### El mate

El mate, ejecutado por Pervis Ellison es el tiro más espectacular del baloncesto. Se realiza al final del tiro en bandeja, cuando un jugador salta tan alto que él o ella puede empujar el balón dentro de la canasta. Para realizar este tiro tienes que ser alto o un gran saltador. No está permitido que te agarres al aro. Esta regla fue escrita para evitar que los jugadores rompieran accidentalmente el tablero.

## El tiro en suspensión

El tiro más importante en el baloncesto moderno es el tiro en suspensión. Es un tiro rápido en el que el lanzador salta verticalmente y suelta el balón cuando ha llegado a la cima del salto. Es un tiro difícil de bloquear para un defensor, pues el balón se suelta cuando el lanzador está en el aire a una considerable altura.

*Las puntas de tus dedos deben mirar hacia arriba.*

*Mantén el codo del brazo de tiro justo debajo del balón.*

*Coloca los pies en dirección a la canasta.*

*El defensor mantiene las rodillas flexionadas en una postura defensiva.*

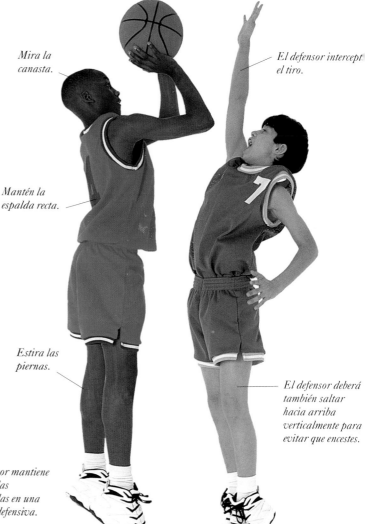

*Mira la canasta.*

*Mantén la espalda recta.*

*Estira las piernas.*

*El defensor intercept el tiro.*

*El defensor deberá también saltar hacia arriba verticalmente para evitar que encestes.*

**1** Tu posición inicial para un tiro en suspensión es de cara a la canasta, con los pies en el suelo separados a la distancia de los hombros y las rodillas flexionadas. Es fundamental que tus dos pies estén mirando a la canasta cuando efectúes el tiro.

**2** Desde esta posición inicial, salta hacia arriba sobre los dos pies. Cuando saltes, levanta el balón más arriba de la cabeza hasta colocarla encima de la frente. En esta posición, miras la canasta por debajo del balón.

## Tiro de gancho

En la fotografía, David Robinson, de los San Antonio Spurs, está realizando un tiro de gancho. Usa este tiro cuando estés cerca de la canasta y tengas a un defensor entre la canasta y tú. Da un paso paralelo a la canasta con el pie contrario a la mano con la que lanzas. El hombro de tu otro brazo deberá apuntar hacia la canasta. Cuando saltes, detén la mano con la que lanzas y lanza el balón con el brazo extendido del todo. Durante el tiro, permanecerás entre el defensor y el balón.

*Controla la trayectoria del balón.*

### Tiro en suspensión

Cuando realices un tiro en suspensión, salta primero y después lanza, soltando el balón cuando llegues a la cima de tu salto.

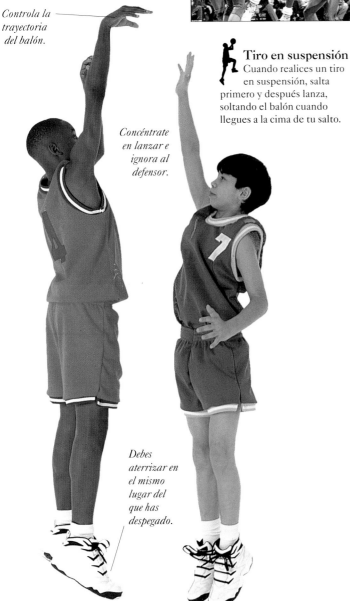

*Concéntrate en lanzar e ignora al defensor.*

*Debes aterrizar en el mismo lugar del que has despegado.*

**3** Cuando alcances la cima de tu salto, estira los brazos hacia arriba y lanza el balón con un enérgico impulso de tu muñeca hacia la canasta. Acampaña el tiro con los brazos y las manos, y controla la trayectoria hasta que el balón entre en el aro.

## Fintar y penetrar

Si te marcan estrechamente, no tires. Por el contrario, puedes fintar que lanzas y después penetrar hacia la canasta, quizá para realizar un tiro en bandeja.

**1** Ponte de cara a la canasta y mira hacia ella con el balón en la posición de triple amenaza como si fueras a lanzar. Tu defensor tendrá que levantar los brazos y moverse cerca de ti.

*Colócate como si fueras a lanzar.*

*Espera hasta que el defensor se haya creído tu finta antes de dirigirte hacia la canasta.*

*El defensor ha saltado para bloquear el tiro.*

**2** Finta que lanzas y, mientras el defensor salta para interceptar tu tiro, penetra rápidamente hacia la canasta dejándolo atrás.

*En tu primer movimiento, da un paso muy largo.*

**3** Pasa cerca de tu defensor cuando penetres superándolo, y mantén la cabeza alta mientras driblas en dirección a la canasta. Si ves a otro defensor moviéndose para detenerte, intenta pasarle el balón a un compañero.

### Driblar y parar

Practica pararte cuando estés driblando e inicia un tiro en suspensión.

*Protege y controla el balón.*

# El rebote

U N GRAN NÚMERO de tiros a la canasta se fallan o rebotan en el aro o en el tablero. Cuando esto sucede, cada equipo intenta hacerse con el balón. Para aumentar tus probabilidades de atraparlo, debes estar bien colocado en la botella. Esto incluye moverte hacia una posición situada entre tu adversario y el tablero, y se le llama bloquear al adversario. Tanto si tu equipo está defendiendo como atacando, deberás intentar bloquear a un adversario para colocarte en una buena posición desde la que saltar para coger el rebote.

*El balón se dirige a la canasta.*

*Evita la tentación de mirar el balón en lugar de a tu adversario, pues éste puede aprovechar la oportunidad para ir a coger el rebote.*

*La mano con la que lanzas sigue la trayectoria del tiro.*

## Bloquear el rebote

Cuando estás bloqueando, como el defensor de verde en esta secuencia fotográfica, tu objetivo es actuar como una barrera entre tu adversario y la canasta. Al bloquear y saltar a coger el rebote, está permitido un cierto contacto personal, pero serás penalizado si empujas o le das un codazo a tu adversario.

*La atacante mantiene la vista fija en la canasta.*

*No dejes de mirar a tu adversaria.*

*Colócate entre tu adversaria y la canasta.*

*Mantén los brazos pegados al cuerpo para evitar golpear a tu adversaria.*

*La atacante puede intentar dejarte atrás, así que debes estar preparado para moverte con ella.*

*Esta atacante se encuentra en una buena postura para saltar y coger el rebote.*

*Mantén las rodillas flexionadas.*

*Pivota hacia la atacante en cuanto se mueva.*

**1** Cuando estás defendiendo la canasta, deberás colocarte de cara a tu adversaria controlando sus movimientos. Cuando efectúe el tiro, da un paso hacia ella y pivota hasta darle la espalda.

*El jugador ha encarado la canasta y lanza con una buena técnica.*

*Debes estar preparado para avanzar hacia tu adversaria.*

*Cuando el balón rebote en el aro, sigue su trayectoria con atención.*

*Sostén el balón con las dos manos.*

*Pivota hasta darle la espalda a tu adversaria.*

### Calcula tu salto
Es muy importante que aprendas a calcular tu salto. No saltes hasta que el balón ya no toque el aro de la canasta o el tablero.

*Ambos jugadores intentarán colocarse en una buena posición para coger el rebote.*

*Cuando saltes, levanta hacia arriba los brazos y las manos para darte más impulso.*

## Defensor cogiendo un rebote
Si coges el rebote cuando estás defendiendo, debes mover el balón fuera de la botella lo más rápidamente posible. Pásaselo a un compañero de equipo que esté cerca de la línea de banda.

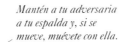

*Mantén a tu adversaria a tu espalda y, si se mueve, muévete con ella.*

*Mantén las manos altas, preparadas para atrapar el balón.*

*Estírate completamente cuando saltes para atrapar el balón.*

### Falta
No empujes a tu adversario con el cuerpo o las manos. Es ilegal y puede ser peligroso.

*Si tienes sitio, salta hacia atrás y lanza.*

*Mantén los pies separados a la distancia de los hombros, las rodillas ligeramente dobladas, las caderas flexionadas y la cabeza alta.*

**2** Cuando tu adversaria esté de cara a tu espalda, centra tu atención en el balón. Salta para coger el rebote cuando hayas visto dónde va a caer. Intenta ganar la máxima altura en tu salto. Usa los codos y las manos para darte más impulso y coge el balón con las dos manos.

## Atacante cogiendo un rebote
Cuando estés atacando, tendrás que esforzarte para ponerte en la posición de bloqueo. Si coges el balón, salta inmediatamente otra vez y lanza a canasta.

# La defensa

C UANDO TU EQUIPO esté defendiendo, debe intentar impedir que el equipo atacante obtenga más puntos. Pueden usarse muchas tácticas, tanto defendiendo en equipo como individualmente. En la defensa individual (uno a uno), te colocas entre el adversario que estás marcando y la canasta que estás defendiendo. Esto impedirá que tu adversario tome el camino recto más rápido para llegar a la canasta. Presiona a tu adversario para que él o ella no se decida a hacer un movimiento de ataque. Para estar siempre preparado, intenta imaginar lo que tu adversario hará después.

**Postura defensiva**
Cuando marques a un atacante que tenga el balón, usa las manos para interceptar pases laterales. Las palmas de tus manos deben estar mirando a tu adversario, algo que incluso te hará paracer más grande. Si centras tu atención más en la cintura del atacante que en el balón, te resultará más fácil no dejarte engañar por una finta.

## Defenderse de un dribling

Cuando tu adversario está driblando el balón, deberás ser ágil para moverte con él. Tu postura defensiva consistirá en mantener las rodillas flexionadas y los pies en el suelo separados a la distancia de los hombros. En esta posición, puedes reaccionar con rapidez ante los movimientos del driblador. Deberás mantener esta posición contra tu adversario mientras te mueves.

1 Colócate entre tu adversario y la canasta en la postura defensiva. Cuando te muevas con él, tus pies deberán deslizarse por el suelo arratrándose con pasos cortos. Sin perder contacto con el suelo, estarás preparado para realizar con rapidez cambios de dirección en respuesta al driblador.

2 Cuando el atacante intente driblar a tu lado, camina a su espalda antes de moverte de un lado a otro en su trayectoria. Esto te dará más tiempo para tapar sus movimientos. Y también evitará que lo toques.

*Coloca los brazos para que estés listo para robar el balón si el driblador no consigue protegerlo.*

*El atacante botará el balón en el lado de su cuerpo más alejada de ti.*

*El driblador buscará una oportunidad para penetrar hacia la canasta.*

*No te mantenegas demasiado cerca de tu adversario, pues así le parecerá fácil driblar para deshacerse de ti.*

*Mantén los pies bastante separados en el suelo.*

*Cuando te muevas, no debes cruzar los pies.*

## Falta por contacto personal

Puedes moverte con libertad sobre
la pista evitando invadir el espacio
personal de un adversario. Si tocas
a un adversario que estés marcando,
deberás responder de ese contacto y
podrás ser penalizado. Si el driblador
carga contra ti, será sancionado con
una falta.

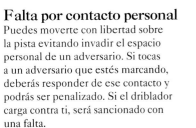

*En la foto, el driblador
ha chocado con el
defensor.*

## Bloquear con el brazo

No te está permitido detener el
movimiento de un adversario
extendiendo el brazo para bloquearlo. Es
probable que se produzca esta clase de
falta si intentas alargar el brazo
cruzando el cuerpo del driblador para
intentar arrebatarle el balón. Además,
si evitas tocarlo, pudes perder con
facilidad el equilibrio y ser superado
por el driblador.

*El brazo
está
tocando al
driblador.*

**Espacio personal**
Puedes ocupar cualquier
lugar en la pista que no esté
ocupado por un adversario.

3 Mantén las manos bajas cerca del
balón con las palmas de las manos
mirando hacia el driblador. Busca una
oportunidad para empujar el balón lejos
de éste. Lo ideal es que permanezcas
siempre a la distancia de un brazo de tu
adversario.

*Intenta moverte hacia una
buena posición en la misma
dirección que pretende ir el
driblador.*

*Mantente de cara
a tu adversario.*

*La palma de
tu mano debe
estar de cara
al adversario.*

*Acuérdate de
arrastrar los pies
dando pasos
cortos.*

*Driblando el balón cerca
del suelo, el driblador te
hace más difícil robarle el
balón.*

# Defensa de equipo

**E**S IMPORTANTE un buen trabajo en equipo tanto en defensa como en ataque. Tu equipo debe trabajar unido para presionar al adversario y crearle dificultades. Esto se puede hacer forzándolo a realizar pases equivocados, bloqueando sus pases o tiros a canasta, o usando tácticas de defensa que lo desconcierten. Es fundamental que aprendas a defender la zona desde la que tus adversarios pueden encestar. Tendrás que disuadirlos de que hagan un lanzamiento desde esa zona marcando a los potenciales lanzadores y manteniendo las manos altas para interceptar cualquier tiro.

### Postura defensiva
Dikembe Mutombo, de los Denver Nuggets, adopta una excelente postura defensiva frente a David Robinson, de los San Antonio Spurs. Mutombo, de cara a Robinson, con las rodillas flexionadas y las manos levantadas hacia el balón, obliga a Robinson a pivotar en otra dirección que no es la de la canasta para proteger el balón.

### Evitando un pase
Esfuérzate para impedir a un jugador atacante que le pase el balón a un compañero cercano a la canasta.

*Este jugador está haciendo una señal para que le pasen el balón.*

## Marcando al portador

Cuando estés marcando a un adversario que tenga el balón, no relajes tu defensa hasta que lo haya pasado. Tu adversario es todavía un posible lanzador, pues él o ella puede dirigirse (moviéndose sin el balón) hacia la canasta e intentar recibir el balón para lanzarlo.

*Las palmas de tus manos deben estar de cara al portador.*

*Al jugador que tiene el balón se le llama portador.*

*Si eres capaz de lograr que el jugador tarde más de cinco segundos en pasar el balón sin jugarlo, será penalizado y tu equipo obtendrá el balón.*

*Permanece en la postura básica del baloncesto entre tu adversario y la canasta.*

**1** Mantén los brazos altos y en movimiento. Esto dificultará a tu adversario realizar un pase lateral o lanzar a cesta. Si tu adversario ha dejado de driblar, deberás moverte muy cerca de él ya que no puede driblar por segunda vez. Esto lo someterá a mayor presión.

### Buena defensa
Recuerda: una buena defensa consiste en usar los pies para permanecer en posición y usar el cerebro para imaginar el siguiente paso que dará tu adversario.

## Impidiendo recibir un pase

Cuando estés cerca de la canasta marcando a un atacante que quiere que le pasen el balón, tienes que intentar evitar que lo reciba. Para ello, cambia tu posición defensiva pasando de estar entre tu adversario y la canasta a estar en el lado de tu adversario más cercano al lanzador. Mantén levantado un brazo para bloquear un pase lateral. En esta posición, deberás poder ver tanto a tu adversario como a la persona que tiene el balón. A esta acción defensiva se le llama superar al adversario.

*Controla con la vista a los dos adversarios.*

*Ten cuidado de no bloquear a tu adversario con el brazo.*

*El balón está preparado para un pase por encima de la cabeza.*

*Uno de tus compañeros de equipo debe ocuparse de marcar al portador.*

### La regla de los 30 segundos

Recuerda la regla de los 30 segundos. Si puedes hacer que tus adversarios tarden más de 30 segundos en lanzar estando en posesión del balón, lo recuperará tu equipo.

*Tu adversario intentará deshacerse de ti.*

*Mantén los pies bastante separados.*

*Intenta obligar al portador a pasarle el balón a un compañero que esté lejos de la canasta.*

*El receptor del pase se prepara para lanzar.*

*Mantén los brazos altos para disuadir de que le pasen el balón a otro atacante por detrás de ti.*

*Da un paso alejándote de tu adversario para que tengas más tiempo para tapar sus movimientos.*

### Estar pendiente del balón

Mira a un punto situado a mitad de camino entre tu adversario y el jugador que tiene el balón. De este modo sabrás dónde está el balón sin perder de vista a tu adversario.

*Después del pase, tu adversario puede intentar aproximarse a la canasta.*

*Cuando pasa, el atacante sigue la trayectoria del balón con las manos.*

*Mantén los pies bastante separados por si necesitas moverte rápidamente en cualquier dirección.*

**2** Cuando tu adversario le pase el balón a un compañero, tendrás que cambiar tu posición defensiva. Debes continuar marcándolo en caso de que se mueva para que le devuelvan el balón. Asegúrate de que controlas dónde está el balón y dónde está colocado tu adversario.

Mantén la vista
fija en el balón.

Intenta tocar el balón
con la palma de la
mano mirando hacia ti.

Advierte las posiciones de tus
compañeros de equipo para poder
hacer que el balón le llegue a uno
de ellos.

# Reanudación del juego

EL JUEGO ES INTERRUMPIDO muchas veces por un árbitro,
como por ejemplo cuando un jugador comete una falta o una violación
o el balón sale del terreno. El modo en que el partido se reanuda depende
de la razón por la que fue interrumpido. Para empezar las dos medias partes
del partido y cada cinco minutos de prórroga, se usa un salto entre dos, así
como cuando el balón se queda entre los soportes de la canasta. El saque es
otra manera de reanudar el partido. Se usa cuando el balón ha cruzado la
línea límite o el partido se ha interrumpido porque un jugador ha infringido
una regla. En algunas ocasiones, cuando un jugador ha cometido una falta,
al equipo adversario le corresponde lanzar tiros libres. Un tiro libre es un
tiro a la canasta realizado desde la línea de tiros libres, sin que a ningún
jugador se le permita estar dentro de la botella mientras se efectúa.

## Colocación para el salto entre dos

Para realizar un salto entre dos, también denominado "lucha", un
jugador de cada equipo se coloca en el centro del círculo en el
lado de la línea central más cercano a la canasta de su equipo. Sólo
los dos jugadores que realizan el salto entre dos pueden estar en
el centro del círculo. Los demás jugadores generalmente se
colocan cerca del círculo para estar en buena posición para atrapar
el balón si cae hacia ellos.

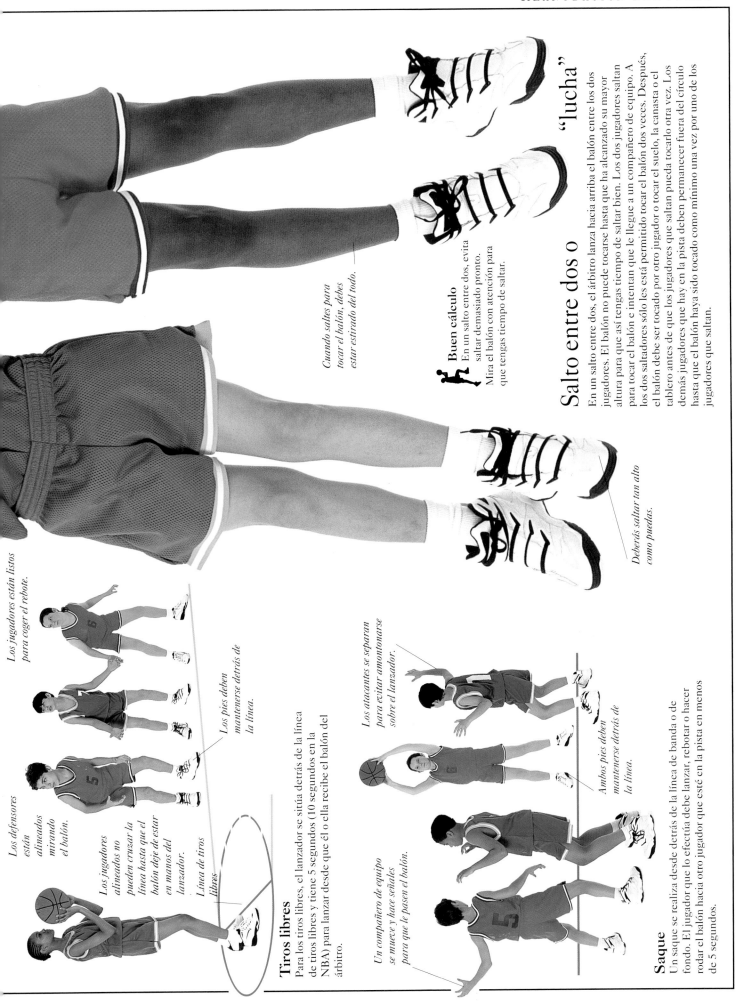

## "lucha"

## Salto entre dos o

En un salto entre dos, el árbitro lanza hacia arriba el balón entre los dos jugadores. El balón no puede tocarse hasta que ha alcanzado su mayor altura para que así tengas tiempo de saltar bien. Los dos jugadores saltan para tocar el balón e intentan que le llegue a un compañero de equipo. A los dos saltadores sólo les está permitido tocar el balón dos veces. Después, el balón debe ser tocado por otro jugador o tocar el suelo, la canasta o el tablero antes de que los jugadores que saltan pueda tocarlo otra vez. Los demás jugadores que hay en la pista deben permanecer fuera del círculo hasta que el balón haya sido tocado como mínimo una vez por uno de los jugadores que saltan.

**Buen cálculo**
En un salto entre dos, evita saltar demasiado pronto. Mira el balón con atención para que tengas tiempo de saltar.

*Cuando saltes para tocar el balón, debes estar estirado del todo.*

*Deberás saltar tan alto como puedas.*

## Tiros libres

Para los tiros libres, el lanzador se sitúa detrás de la línea de tiros libres y tiene 5 segundos (10 segundos en la NBA) para lanzar desde que él o ella recibe el balón del árbitro.

*Los jugadores están listos para coger el rebote.*

*Los defensores están alineados mirando el balón.*

*Los jugadores alineados no pueden cruzar la línea hasta que el balón deje de estar en manos del lanzador.*

*Los pies deben mantenerse detrás de la línea.*

*Línea de tiros libres*

## Saque

Un saque se realiza desde detrás de la línea de banda o de fondo. El jugador que lo efectúa debe lanzar, rebotar o hacer rodar el balón hacia otro jugador que esté en la pista en menos de 5 segundos.

*Un compañero de equipo se mueve y hace señales para que le pasen el balón.*

*Los atacantes se separan para evitar amontonarse sobre el lanzador.*

*Ambos pies deben mantenerse detrás de la línea.*

33

# Posiciones de juego

TODOS LOS JUGADORES pueden lanzar el balón y son libres de moverse por la pista. Por esa razón deben distribuirse las posiciones, sino los jugadores de un mismo equipo se molestarían entre ellos. La posición en que juegues estará en función de tus habilidades, peso y capacidad física, así como de las tácticas del entrenador. Hay tres posiciones básicas: pivot, alero y base. Esas posiciones están vinculadas a la zona de la pista desde la que operas cuando tu equipo ataca y puedes cambiar de posición durante el partido.

### Posiciones iniciales

Tu entrenador decidirá qué posición debéis ocupar tú y tus compañeros de equipo para asegurarse de que tu equipo cubre la pista. Las posiciones que os corresponden a ti y a tus compañeros de equipo dependerán de tus capacidades individuales y de las tácticas empleadas por tus adversarios.

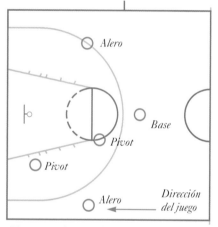

### Formación 1-3-1

En esta formación se incluye un base, dos aleros, un pivot en una línea y un pivot pegado a la canasta que estáis atacando.

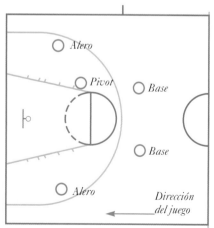

### Formación 2-1-2

La 2-1-2 es la formación más sencilla. Incluye dos bases, un pivot y dos aleros. Los jugadores están distribuidos alrededor de la canasta que están atacando.

## Posiciones de juego

El jugador que está en la posición de base es generalmente el más bajo del equipo. El base juega en la zona de la pista situada entre la línea central y la línea de tiros libres. Debe ser excelente driblador y dar buenos pases, y ser un hábil lanzador desde lejos. Un alero es generalmente más alto que un base, pero no tanto como un pivot. El alero juega en la zona de la pista situada entre la línea de tiros libres y la línea de banda. Debe ser buen lanzador desde ese lugar de la pista e intentar coger los rebotes de los atacantes. Los pivots son generalmente los jugadores más altos y pesados y juegan pegados a la canasta. Deben ser buenos cogiendo rebotes y lanzando cerca de la canasta.

*Cuando subas, usa un salto con parada para aterrizar con las rodillas flexionadas.*

### Juego del equipo defensor

El dibujo muestra la simple distribución del equipo defensor, en el que cada jugador se ocupa de marcar a un adversario. Si estás marcando al lanzador, mantente más o menos a 1 m de distancia de él o ella. Si tu adversario no tiene el balón, mantente donde puedas verlo tanto a él como al esférico. Además, para poder cambiar de postura, debes moverte lejos de tu adversario. Deberás permanecer tan lejos de él como éste del balón.

### Area defensiva

Recuerda que el esfuerzo de tu equipo en defensa deberá concentrarse en la zona de la cancha desde la que un atacante tenga posibilidades de encestar.

*Fíjate en que mantengo la cabeza alta cuando driblo usando la mano más alejada de mi defensor.*

### Driblar

Driblar es bueno para mover el balón hacia adelante de la pista o para alejarte de un defensor. En la foto, estoy usando mi dribling para superar a mi defensor y acercarme a la canasta.

### Subir arriba

Tendrás que desarrollar la habilidad de moverte libremente por delante del lanzador. Los pivots generalmente usan un movimiento llamado "subir arriba" para librarse de sus defensores y poder recibir así un pase. En este movimiento, los pivots empiezan colocados junto a la canasta y después corren hacia la línea de tiros libres para recibir el balón. Como el defensor está entre el pivot y la canasta, al alejarse el pivot de la canasta, al defensor le resulta difícil bloquear el pase.

*Portador del balón*

El número 4 rojo tiene el balón y está marcado estrechamente por el número 4 verde.

Los defensores 5 y 6 verdes se han movido lejos de sus adversarios, 5 y 6 rojos, que no tienen el balón.

## Rebotes

La foto muestra a los Charlotte Hornets (de azul) practicando la defensa individual frente a los New York Knicks (de blanco). Larry Johnson, de los Hornets, está cogiendo un rebote.

*Magic Johnson despliega una excelente postura defensiva frente a John Stockton.*

*Los brazos se abren hacia fuera para bloquear un tiro o un pase.*

*Los Hornets han conseguido buenas posiciones cerca de la canasta.*

*En la foto, exhibo un buen estilo cuando realizo un salto entre dos.*

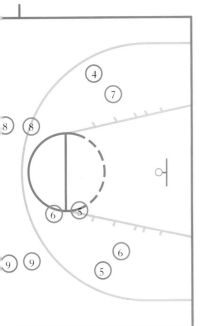

## Tiros

En el momento en que recibes un pase en cualquier lugar de la pista, debes pivotar para ponerte de cara a la canasta que estás atacando. Siempre y cuando tengas el balón en la posición de triple amenaza, tendrás que decidir rápidamente si tienes espacio y tienes la canasta a tiro. Si puedes lanzar y hay un defensor situado entre tú y la canasta, podrás ejecutar un tiro estático o un tiro en suspensión.

*Acuérdate de soltar el balón en la cima de tu salto.*

## Diagrama

El diagrama muestra un ejemplo de posiciones de juego de los atacantes (de rojo) y los defensores (de verde). Cualquiera de los jugadores de estas posiciones puede atacar, aunque puede ser arriesgado lanzar para los atacantes 8 y 9, ya que están bastante lejos de la canasta. Cuando subas atrás, debes arrancar de la posición del jugador atacante número 6 para recibir el balón.

## Atacar la canasta

Siempre que recibas el balón en la parte de la pista de tus adversarios, debes aprender a colocarte con rapidez para poder atacar la canasta. Acuérdate de adoptar la posición de triple amenaza, amenazando con lanzar, driblar o pasar el balón.

1 Si te están marcando, líbrate de tu defensor y haz señales para que te pasen el balón. Cuando lo recibas, detente correctamente y pivota hasta colocarte de cara a la canasta.

*Mantén la cabeza alta y decide cuál va a ser tu mejor opción de ataque.*

*Coge el balón con las dos manos.*

2 Desde tu posición de triple amenaza, tendrás que decidir si debes lanzar, driblar el balón cerca de la canasta o pasárselo a un compañero libre.

*Mantén las rodillas flexionadas y prepárate para moverte con rapidez.*

# El contraataque

CUANDO TU EQUIPO se hace con el balón, ya sea mediante un rebote o una intercepción, debe progresar hacia la canasta rápidamente. Cuando ataquéis, el equipo contrario intentará reorganizar su defensa, por lo que deberéis mover con rapidez el balón antes de que tus adversarios tengan tiempo de reaccionar. Este tipo de ataque, llamado contraataque o rotura rápida, es uno de los aspectos más emocionantes del partido tanto para los jugadores como para los espectadores. El objetivo es mover el balón hacia adelante para superar en número a los adversarios y crear la oportunidad para encestar.

*Atacante corriendo por la derecha.*

*Atacante corriendo por la izquierda.*

*El defensor persigue al portador.*

*Portador*

### Ataque por tres carriles

Cuando tu equipo empiece un contraataque, el portador deberá driblar hacia la mitad de la pista. Mientras tanto, otros dos atacantes deberán correr velozmente hacia la canasta, uno por cada lado de la pista de modo que el ataque avance por tres carriles. Este movimiento da al portador la posibilidad de tener un receptor a cada lado si él o ella no pueden dirigirse directamente a la canasta para encestar.

## Cómo realizar un contraataque

Cuando estéis realizando un contraataque y los atacantes de tu equipo superen en número a los defensores, intenta hacer que un defensor te marque avanzando en línea recta hacia la canasta. Esto permitirá a uno de tus compañeros de equipo libre recibir el balón y lanzar a la canasta.

*El defensor se sitúa entre el driblador y la canasta.*

### Practicar el contraataque
Practica corriendo rápidamente hacia abajo de la pista mientras driblas y te pasas el balón con tus compañeros.

*El compañero de equipo hace señas para que le pasen el balón.*

**1** En esta secuencia, el portador dribla el balón hacia la canasta, obligando al defensa número 4 a marcarlo. El compañero de equipo del portador no está siendo marcado y corre hacia la canasta, haciendo señas para que le pasen el balón.

*El defensor debe hacer todo lo que pueda para retrasar al driblador, dando a sus compañeros tiempo para recuperarse y defender la canasta.*

### Contraataque rápido
El éxito de un contraataque depende de la rapidez con que se mueve el balón hacia abajo de la pista. No demasiado rápido como para perder el control y que se te escape el balón.

*El defensor ha sido adelantado por los que contraatacan.*

*El portador pasa el balón.*

*El receptor puede coger el balón y driblar hacia la canasta.*

## Pase de salida

David Robinson coge el rebote de un tiro fallido mientras sus compañeros de equipo corren para iniciar un contraataque. Están listos para el pase de salida de Robinson, que es un rápido pase realizado por un defensor desde la botella hacia la zona lateral de la pista.

## Pase adelantado

Los jugadores que no tienen el balón pueden correr más rápido que el jugador que dribla el balón. Cuando tu equipo esté realizando un contraataque rápido, el portador debe intentar pasarle el balón a un compañero de equipo que esté cerca de la canasta contraria a aquella en la que está él o ella. El balón debe ser lanzado delante del receptor para que éste pueda cogerlo sin interrumpir el ritmo que lleva corriendo.

### Chocar con el lanzador

Si el lanzador encesta, pero el defensor choca con él mientras realiza el tiro, el equipo atacante obtendrá dos puntos por la canasta y podrá también disponer de un tiro libre adicional.

*Cuando el defensor es superado, deberá recuperar su posición defensiva para evitar el tiro.*

2 El defensor tiene los brazos extendidos para disuadir al portador de que pase el balón. El portador ve la posibilidad de un pase lateral y realiza un pase con bote o picado. Cuando ha pasado el balón, corre hacia la canasta.

3 El receptor está cerca de la canasta y realiza un tiro en bandeja. El defensor está presionando al lanzador levantando los brazos y siguiéndolo en el tiro en bandeja.

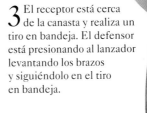

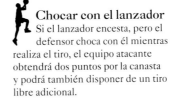

*Ambas manos están preparadas para coger el balón.*

*El lanzador levanta la rodilla para darse más impulso.*

*El receptor debe moverse, ya sea driblando o dirigiéndose a realizar un tiro en bandeja.*

# Pasar y cortar

CADA VEZ QUE TU EQUIPO ataque, deberás intentar convertir tu ataque en una canasta. La oportunidad para encestar la puede crear un solo jugador individualmente o puede involucrar a dos o tres jugadores que cooperen de manera que uno de ellos pueda lanzar. "Pasar y cortar" es un simple y efectivo movimiento de ataque que involucra a dos jugadores trabajando juntos. Un atacante le pasa el balón a un compañero de equipo. Después, el pasador se dirige hacia la canasta haciendo señas para que le devuelvan el balón y encesta.

*Manos extendidas para coger el balón.*

*Pisa fuerte con el pie izquierdo.*

## Cambio de dirección

Cuando estés pendiente de recibir un balón frente a unos defensores poco hábiles, es muy normal que hagas un rápido cambio de dirección. Por ejemplo, muévete hacia la izquierda y, como el defensor reaccionará a tu movimiento, pisa fuerte con el pie izquierdo para ir a la derecha. Si cuando cambias de dirección, cambias también tu velocidad y pasas de ir lento a ir rápido, te resultará más fácil librarte de tu adversario.

## Pasar y cortar

Cuando realices el pase, será más efectivo si el compañero que recibe el balón está más cerca de la canasta que tú. Cuando hayas pasado el balón, es probable que tu defensor se relaje un poco ya que tú no supones ya una amenaza a la hora de encestar. En ese momento, debes moverte y colocarte para que te devuelvan el balón.

*Pasa el balón usando las dos manos.*

2 Cuando el receptor coge el balón, pivota rápidamente para ponerse de cara a la canasta. El número 4 engaña a su defensor con una finta. Se mueve hacia su izquierda y, cuando el defensor trata de taparlo, el número 4 cambia con rapidez de dirección.

1 El portador, número 4 rojo, le pasa el balón a una compañera que se ha separado de su defensor. El número 4 se dirigirá hacia la canasta tratando de librarse de su defensor.

*El número 4 pisa con fuerza con el pie izquierdo.*

*El receptor amenaza con un tiro.*

## La puerta atrás

Cuando estés cerca de la canasta y quieras recibir el balón, tu defensor te marcará colocándose en el camino que hay entre tú y el pasador. Para burlar a tu defensor, puedes usar una "puerta atrás". Consiste en escapar de tu defensor alejándote del portador.

*El atacante mantiene levantada la mano cuando está intentando recibir el balón.*

*El defensor intenta ver tanto a su adversario como al portador.*

*El defensor se ha equivocado de pie.*

*Señal con la mano*

**1** Escapa en la dirección del portador como si intentaras recibir el balón. Tu defensor se moverá contigo.

*El defensor se mueve con el atacante.*

**2** Cambia con rapidez de dirección, alejándote del defensor y del portador. Dirígete a la canasta y haz señas para que te pasen el balón.

*El atacante corre para recibir el balón.*

## Posición pasar y cortar

El dibujo muestra la posición de los dos atacantes, números 4 y 6 rojos, y de sus defensores al principio de la secuencia de fotografías que aparece en estas dos páginas. La flecha señala la trayectoria del número 4 rojo hasta la canasta. Esta posición es estupenda para pasar y cortar.

**Dónde pasar y cortar**
Puedes pasar y cortar en cualquier lugar de la pista. No tiene que acabar necesariamente con un tiro a canasta.

**4** El número 4 está lo suficientemente cerca de la canasta para realizar directamente un tiro en bandeja. Se ha movido con tanta rapidez que su defensor no ha tenido tiempo de colocarse entre él y la canasta.

**3** El número 4 burla a su defensor y se dirige a la canasta. El receptor le devuelve el balón al número 4 cuando ve que se ha librado de su defensor. El pase se efectúa más adelante para que pueda recoger el balón en su carrera.

*El receptor realiza un pase por encima de la cabeza.*

*El defensor está detrás y a la izquierda.*

*El número 4 escapa pasando muy cerca del defensor y va directamente hacia la canasta.*

**Muestra tu intención**
Cuando has hecho el pase, avanza hacia la canasta e indica claramente al receptor dónde quieres recibir el balón.

*El atacante está estirado del todo para realizar un tiro en bandeja.*

# El bloqueo

EL BLOQUEO es una táctica en la que un atacante obstruye a un defensor, o actúa como pantalla frente a uno que está marcando a otro atacante. El objetivo del bloqueo es ayudar a un compañero de equipo a deshacerse del defensor para que él o ella pueda así realizar un tiro, entrar en la zona de la canasta o escaparse para recibir un pase. El bloqueo se da cuando dos atacantes se mueven juntos y no guardan sus habituales 3-4 m de distancia. En un bloqueo no está penalizado que un atacante y un defensor se toquen, excepto cuando algún jugador usa medios ilegales para librarse del adversario.

## Servir de pantalla al balón

Una pantalla no se usa sólo para liberar a un jugador cuando tiene el balón. Cuando ataques, debes estar preparado para colocarte como pantalla delante del defensor de un compañero de equipo que no tiene el balón. Esto permitirá que tu compañero reciba un pase y después drible hasta la canasta o realice directamente un lanzamiento. En la foto, el número 4 rojo se coloca de pantalla para su compañero de equipo número 5, que puede escapar más allá del bloqueo para recibir un pase de la número 6.

## El bloqueo

Un bloqueo incluye a dos compañeros de equipo trabajando juntos para liberar a uno de ellos de su defensor. En esta secuencia, se coloca uno de pantalla en la trayectoria que está intentando seguir un defensor. El bloqueo obstruye el paso del defensor mientras éste marca al lanzador, dándole a éste la oportunidad de driblar hasta la canasta.

### Posición para hacer el bloqueo

El jugador que le está haciendo el bloqueo a un adversario debe permanecer quieto y tener los dos pies en el suelo.

*El defensor está situado entre su adversario y la canasta.*

*La defensora está marcando estrechamente al atacante.*

*El portador hace ver que dribla hacia la izquierda.*

*Cuando empiezan a moverse, los atacantes están a 3-4 m de distancia.*

*Esta defensora está en una buena postura defensiva.*

*La atacante da un paso hacia delante para tener una buena distancia para lanzar.*

### Posiciones de bloqueo

El dibujo muestra la posición de los dos atacantes en la fase 1 de la secuencia fotográfica. La línea verde es la trayectoria que sigue el número 6 verde para hacer de pantalla al defensor de su compañero de equipo.

1 Un jugador le pasa el balón a un compañero de equipo que se mueve con libertad. Cuando el receptor coge el balón, pivota para ponerse de cara a la canasta controlando los movimientos de su compañero.

*Pantalla*

*Defensor del número 4 rojo.*

*Señas con las manos para recibir el balón.*

*Número 5 moviéndose cerca de la pantalla mientras escapa.*

*Este defensor se aleja de la pantalla que está marcando.*

*Pantalla*

*Esta defensora se desliza por el hueco.*

## Defendiendo una pantalla

Puedes marcar a un atacante que esté haciendo de pantalla a uno de tus compañeros de equipo. Deja que tu compañero se dé cuenta de la presencia del atacante que le hace de pantalla y camina hacia atrás para darle a tu compañero espacio para moverse entre tú y la pantalla. Este movimiento se llama deslizamiento. Puedes ayudar a tu compañero conduciéndolo hacia el hueco.

*El portador se mueve hacia la canasta.*

### Pantalla trasera

Si te colocas como pantalla detrás de un defensor, mantente como mínimo a 1 m de distancia, pues éste no debe saber que estás allí y, cuando él o ella se gire, puede chocar contigo.

### Pantalla visible

Si estás haciendo de pantalla delante o al lado de un defensor, puedes permanecer pegado a él, puesto que te está viendo.

*La pantalla levanta los brazos para proteger su cuerpo en caso de que la defensora choque con ella.*

*La pantalla está de cara a la defensora.*

*Los pies se mantienen bastante separados para que a la defensora le resulte más difícil pasar.*

*El portador penetra pasando junto a la pantalla.*

**2** El receptor advierte que su compañero de equipo se ha movido cerca y se ha colocado en la trayectoria a la que acudiría la defensora si el receptor driblara hacia la canasta. El receptor, con el objetivo de distraer a la defensora del compañero que se ha colocado de pantalla, hace ver que dribla hacia la izquierda.

**3** El receptor cambia de dirección y dribla hacia la derecha, pasando junto a la pantalla. La defensora elige seguir al receptor, pero tiene que detener sus movimientos por culpa de la pantalla. La pantalla mantendrá su posición hasta que la defensora la toque. Después, la pantalla se moverá hacia la canasta.

# Competiciones

E L BALONCESTO es uno de los deportes más populares del mundo y las competiciones se organizan por diferentes grupos de edades y en todos los niveles. A medida que tu juego mejora, puedes jugar con un equipo en tu escuela o club compitiendo con otros equipos locales. En el nivel más alto de la competición, hay torneos nacionales e internacionales que puedes contemplar para aprender más. La liga de baloncesto más grande del mundo es la NBA, que tiene 27 equipos profesionales. Pero tanto si juegas como si simplemente miras, el baloncesto es siempre emocionante.

## Baloncesto en silla de ruedas

El baloncesto en silla de ruedas es muy parecido al juego normal, aunque los que juegan le llaman el juego a la carrera. La mayoría de las reglas son las mismas, aunque hay reglas diferentes para driblar. Como en el baloncesto normal, los jugadores tienen que pasar, driblar, defender y lanzar. El partido se empieza palmeando, el sistema de puntos es el mismo y la distribución del tiempo es parecida.

## Sillas de ruedas especiales

En la liga en sillas de ruedas los jugadores juegan generalmente con sillas de ruedas especiales, como las de esta fotografía, que son fáciles de manejar.

## Reglas y reglamento

Las reglas internacionales del juego y de todas las competiciones internacionales están controladas por la Federación Internacional de Baloncesto Amateur (FIBA). Cada país en el que el baloncesto es un deporte competitivo tiene su propia federación de baloncesto, que se ocupa de controlarlo dentro de ese país. Hay aproximadamente 200 países afiliados a la FIBA. En EE.UU., la NBA y la NCAA (American College League) usan reglas que difieren ligeramente de las reglas de la FIBA.

---

## Programa internacional

### Juegos Olímpicos
Se celebran cada cuatro años tanto para equipos masculinos como femeninos.

### Campeonatos del Mundo
Hay seis Campeonatos del Mundo, que se celebran cada cuatro años:
• Hombres: participan 16 equipos.
• Mujeres: participan 16 equipos.
• Júnior masculino: participan 16 equipos. Los jugadores deben tener 18 años o menos.
• Hombres de 22 años o menos: Se trata de una nueva competición intermedia entre los niveles júnior y senior. Oficialmente se llama Sub-23.

• Baloncesto masculino en silla de ruedas: celebrado por vez primera en 1973.
• Baloncesto femenino en silla de ruedas: celebrado por vez primera en 1990.

En estos certámenes el país anfitrión participa automáticamente. Además de las competiciones mundiales, la FIBA organiza competiciones en siete zonas: África, Asia, América del norte, América Central, América del sur, Europa y Oceanía. La FIBA también organiza competiciones en esas zonas para jugadores de 16 años o menos, a los que se llama jugadores cadetes.

---

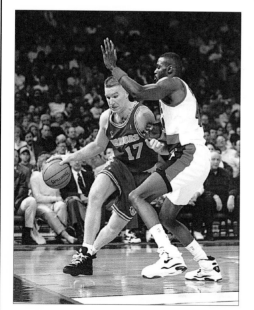

### NBA
En la foto, estoy jugando en un partido de la NBA contra un adversario que me marca estrechamente. He calculado bien mi entrada, por lo que tengo espacio para moverme y lanzar a canasta.

## Baloncesto para jugadores jóvenes

Para promocionar el juego entre la gente joven, la FIBA ha establecido unas reglas para ser usadas por jugadores de 14 años o menos. Reciben el nombre de Reglas Passarelle. Además, se promociona mundialmente el baloncesto para jugadores de 12 años o menos. Se trata del "mini-basquet", que tiene sus propias reglas y organiza torneos y festivales en muchos países. En los últimos años se ha producido un incremento de la popularidad de los torneos tres contra tres (tres jugadores por equipo). Eso proporciona una oportunidad a los jóvenes jugadores de competir con jugadores de habilidades parecidas y también un excelente rodaje a los que acaban de empezar a jugar.

## Baloncesto femenino

Las mujeres empezaron a jugar a baloncesto a comienzos de la década de 1890 y el baloncesto femenino fue incluido en los Juegos Olímpicos en 1976. La fotografía muestra un salto entre dos al comienzo de un partido entre China y la CEI (Confederación de Estados Independientes).

# Glosario

Durante los entrenamientos de baloncesto o cuando veas baloncesto, te puede resultar útil entender algunas de las siguientes palabras y expresiones.

## A

**Asistencia** Un pase a un compañero de equipo que se dirige directo a la canasta.

## B

**Balón retenido** Cuando dos o más adversarios se encuentran con las manos firmemente asidas al balón.

**Balón muerto** Un balón que no está en juego porque se ha infringido una norma, se ha encestado o se ha cruzado la línea límite.

**Balón en el aire** Cuando el balón se lanza tan mal que no toca el aro.

**Base** El jugador que se encarga de organizar las tácticas de ataque de su equipo.

**Bloqueo de rebote** La posición que toma un jugador en un rebote para detener a un adversario que se está acercando a la canasta.

**Botella** El área restringida y el semicírculo situado frente a las canastas a cada extremo de la pista.

## C

**Cambio** Un movimiento defensivo en el que dos defensores se intercambian con los atacantes que están marcando.

**Canasta** La meta. También se denomina así al balón encestado.

**Canasta en juego** A una canasta realizada en pleno juego (en oposición al tiro libre) le corresponden dos o tres puntos, dependiendo del lugar donde estaba el jugador cuando ha lanzado.

**Cortar** Un veloz movimiento realizado por un jugador atacante sin el balón hacia la canasta del equipo contrario.

## D

**Defensa de zona** Una táctica defensiva en la que cada defensor cubre parte de la pista. Esta táctica no puede usarse en mini-basquet o en la NBA.

**Defensa individual** Un defensor marcando a un atacante.

**Dos contra uno** Dos defensores marcando a un atacante que tiene el balón.

**Driblar de un lado a otro** Botar el balón muy rápidamente pasándolo de una mano a la otra.

## E

**Escaparse en "L"** Cuando un atacante realiza un giro de 90º para intentar librarse de un defensa.

**Escaparse en "V"** Un movimiento de ataque. El jugador da dos o tres pasos hacia delante y después cambia de dirección para alejarse y recibir un pase. Haciendo esto, el jugador dibuja una "V".

## F

**Fintar** Cuando haces ver que te mueves en una dirección y después te mueves en otra con el objetivo de hacer que un adversario se equivoque de pie.

**Flotar** Cuando los defensores se alejan de sus adversarios hacia la canasta que defienden.

## L

**Lado débil** El lado de la pista donde el equipo atacante no tiene el balón.

**Línea de fondo** La línea límite situada debajo de cada canasta.

**Lucha** Otra manera de llamar al salto entre dos.

## M

**Mate** Cuando un jugador salta hacia arriba y empuja el balón dentro de la canasta.

## O

**Opciones** El abanico de movimientos de ataque de que puede servirse un jugador durante un partido.

## P

**Pantalla o bloqueo** Una táctica en la que un atacante se coloca en una posición para impedir que un adversario siga marcando a un compañero de equipo.

**Pasos** Cuando un jugador da más pasos de los permitidos cuando tiene el balón.

**Penetración** Un dribling rápido y agresivo hacia la canasta del equipo contrario.

**Penetración por la línea de fondo** Un rápido dribling en el que se pasa junto a la línea límite situada debajo de la canasta que se está atacando.

**Pérdida** Cuando un equipo pierde la posesión del balón sin haber lanzado a canasta.

**Período extra o prórroga** El tiempo extra jugado cuando los marcadores están empatados. El partido se continúa en períodos de cinco minutos hasta que uno de los equipos gana.

**Poste** Nombre que recibe también un pivot.

**Presión** Una táctica defensiva que se emplea en toda la pista.

## R

**Rebote** Cuando un balón fallado rebota en el aro o el tablero y es atrapado bien sea por un atacante o bien por un defensor.

## S

**Salto entre dos** Cuando el árbitro lanza el balón hacia arriba entre dos adversarios para reanudar el juego después de un descanso o un balón retenido.

**Saque** Una manera de reanudar el partido lanzando el balón desde la línea límite. El saque se usa para reanudar el partido después de una falta. También le corresponde a un equipo si el contrario excede el tiempo límite de posesión del balón o cuando este último saca el balón fuera de los límites.

## T

**Tiro directo** Un tiro que entra en la canasta sin tocar ni el aro ni el tablero.

**Tiro exterior** Un tiro a la canasta realizado desde fuera del área donde están colocados los defensores.

**Tiro fácil** Un tiro lanzado por un jugador cuando hay muchas probabilidades de que enceste.

**Tiro libre** (o de castigo) Un tiro libre adjudicado a un equipo cuando un adversario comete una falta. El tiro libre se lanza desde detrás de la línea de tiros libres.

## Z

**Zona de ataque** La mitad de la pista que un equipo está atacando.

**Zona de defensa** La mitad de la pista que defiende un equipo.

## Otras reglas del baloncesto

**Regla de los 30 segundos:** El equipo que ataca debe lanzar a canasta antes de 30 segundos para no perder la posesión del balón (24 segundos en la NBA y 35 en la NCAA).

**Regla de los 10 segundos:** Cuando un equipo tiene el balón en su mitad de la pista, tiene 10 segundos para llevarlo a la mitad de la cancha que corresponde al equipo contrario.

**Regla de los 5 segundos:** Un jugador debe sacar antes de 5 segundos. Según las reglas de la FIBA, un tiro libre debe lanzarse también antes de 5 segundos (10 segundos en la NBA).

**Regla de los 3 segundos:** A un jugador atacante no le está permitido permanecer en el área restringida (botella) del equipo contrario durante más de 3 segundos.

**Falta personal:** Infracción de las reglas causada por el contacto personal con un adversario.

**Falta técnica:** Cuando un jugador o un entrenador son penalizados a causa de su mal comportamiento, como por ejemplo discutir con un árbitro.

**Falta descalificante:** Falta grave sobre otro jugador o árbitro, por ejemplo pegarle, por la que un jugador es expulsado del partido.

**Regla de las cinco faltas:** Si un jugador comete cinco faltas (seis en la NBA), tanto personales como técnicas, debe abandonar la pista y no puede volver a incorporarse al partido.

**Violación:** La infracción de una regla que no es ni una falta personal ni una falta técnica. Las principales violaciones son: driblar incorrectamente, dar más pasos de los permitidos cuando se tiene el balón, permanecer más de tres segundos en el área restringida y sacar el balón fuera de las líneas límite de la pista.

**Jugador fuera de juego:** Un jugador está fuera de juego si pisa una de las líneas límite o las cruza.

**Balón fuera de línea:** El balón está fuera de línea cuando un jugador que tiene el balón, o el propio balón, tocan una de las línea límite o la cruzan. Un balón en el aire no está fuera de línea hasta que la toca o toca el suelo que está al otro lado de una de ellas.

**Regla de la interferencia:** A un jugador no le está permitido tocar el balón cuando está descendiendo hacia la canasta. Un defensor no puede tocar el balón cuando está dentro de la canasta. Si ha rebotado en el aro se puede sacar.

**Jugador estrechamente marcado:** Un jugador que está estrechamente vigilado por un defensor debe pasar, driblar o lanzar el balón antes de 5 segundos o pierde la posesión del balón (en la NBA, esta regla no existe).

**Balón campo atrás:** Cuando un equipo ha movido el balón desde la mitad de su pista (la zona de defensa) hacia la otra mitad de la pista (la zona de ataque), no puede cruzar con él la línea central y regresar a su mitad.

# Índice

# Direcciones útiles

A continuación se incluyen las direcciones de las federaciones de baloncesto más importantes y que pueden resultarte útiles.

**Fed. Española**
Avda. de Burgos, 8-A "Edificio Bronce" MADRID
Tel. (91) 383 20 50

**Fed. Catalana**
c. Casanovas, 55-57  BARCELONA
Tel. (93) 454 13 52

**Fed. Vasca**
c. Ramiro deMaeztu, 4  VITORIA
Tel. (945) 13 41 90

**Fed. Madrileña**
c. Núñez de Balboa, 37  MADRID
Tel. (91) 431 92 14

**Fed. Andaluza**
c. Jaén, 5  CÓRDOBA
Tel. (96) 373 02 50

**Fed. Valenciana**
c. Marqués del Turia, 48  VALENCIA
Tel. (96) 373 02 50

Mark  Martin

Lauren

Chelsee

Lendel

Kieron

## Agradecimientos

Dorling Kindersley agradece a las siguientes personas su ayuda
en la realización de este libro:

A todos los jóvenes jugadores por su buena técnica y entusiasmo durante las sesiones fotográficas; a Joe White, entrenador de baloncesto de la Homerton House School de Londres y a Tony Garbelotto, de London Towers, por proporcionarnos los jugadores, los consejos prácticos y la ayuda ofrecida; a Sportserve por hacer los uniformes de los equipos y por el préstamo de material.

### Créditos de las ilustraciones
Clave: arriba **a**; abajo **b**; izquierda **i**; derecha **d**; centro **c**;

Action Plus/S. Bardens 10**bi**
Allsport/S. Bruty: 42**bd**; T. Defrisco: 8**bi**, 30**ac**, 37**bi**; S. Dunn: 8**cd**; O. Greule: 42**bi**, contracubierta **bd**; M.Powell: 9**bi**, 9**bd**; British Sports Association for the Disabled/

Graham Bool: 42**ad**;
Colorsport: 16**ad**; Duomo: 34**cd**, 35**c**, 35**ad**; D. Madison: 12**ad**;
P.J. Sutton: 35**ac**;
Naismith Memorial Basketball Hall of Fame: 9**ad**, 9**cis**, 9**cii**, 9**cd**; Range/Bettermann/UPI: 9**c**;
Sporting Pictures: 8**ad**, 8**bd**, 8**c**, 12**bi**, 24**bd**, 25**bi**.